BEI GRIN MACHT SICH IHR WISSEN BEZAHLT

AF130554

- Wir veröffentlichen Ihre Hausarbeit,
  Bachelor- und Masterarbeit

- Ihr eigenes eBook und Buch -
  weltweit in allen wichtigen Shops

- Verdienen Sie an jedem Verkauf

Jetzt bei www.GRIN.com hochladen
und kostenlos publizieren

Die Zukunft des Journalismus im digitalen Zeitalter

Finanzierungsmodelle für digitalen Journalismus

Jan Moritz Behrens

Bibliografische Information der Deutschen Nationalbibliothek:

Die Deutsche Nationalbibliothek verzeichnet diese Publikation in der Deutschen Nationalbibliografie; detaillierte bibliografische Daten sind im Internet über http://dnb.d-nb.de abrufbar.

ISBN: 9783346464798
Dieses Buch ist auch als E-Book erhältlich.

Druck und Bindung: Books on Demand GmbH, Norderstedt Germany
Gedruckt auf säurefreiem Papier aus verantwortungsvollen Quellen

Das vorliegende Werk wurde sorgfältig erarbeitet. Dennoch übernehmen Autoren und Verlag für die Richtigkeit von Angaben, Hinweisen, Links und Ratschlägen sowie eventuelle Druckfehler keine Haftung.

Das Buch bei GRIN: https://www.grin.com/document/1043369

Einsendeaufgabe

Thema B:
„Die Zukunft des Journalismus im digitalen Zeitalter"

Modul: Medienrhetorik und Textgestaltung
Studiengang: Medien- und Kommunikationsmanagement (B.A.)

SRH Fernhochschule Riedlingen

Jan Moritz Behrens
Abgabe am 07.11.2020

Inhaltsverzeichnis

1. Einleitung

Seit Jahrzehnten propagieren Digital-Unternehmer und Medienexperten unter Berücksichtigung einbrechender Auflagenzahlen und sinkender Vertriebserlöse das Ende gedruckter Medien zugunsten digitaler Substitute. Steve Ballmer, ehemaliger CEO von Microsoft, prophezeite 2010: „In zehn Jahren gibt es keine Zeitung und Magazine mehr."[1] Doch obwohl die digitale Transformation Medienunternehmen und Verlagshäusern weltweit vor enorme Herausforderungen stellt, trotzen Tageszeitungen und Zeitschriften den düsteren Prognosen und stellen für viele Verlage nach wie vor einen unverzichtbaren Umsatzbringer dar. Branchenkenner sprechen sogar von einer Renaissance dieses Medienkanals: Laut Zahlen des Verbands Deutscher Zeitschriftenverleger (VDZ) ist die Anzahl der Publikumszeitschriften in Deutschland zwischen 1997 und 2018 von 1.048 auf 1.625 Titel gestiegen – ein Plus von knapp 65%[2]. Den steigenden Publikationen steht ein sich wandelndes Mediennutzungsverhalten gegenüber, bei dem Nutzer immer mehr Zeit auf digitale oder mobile Medien verwenden. Printmedien finden immer weniger statt, laut einer aktuellen Umfrage von *SevenOne Media* aus dem Oktober 2020 wenden die Deutschen für das Internet täglich 133 Minuten auf, auf gedruckte Medien entfallen 15 Minuten.[3] Aus diesem Grund sehen sich Medienunternehmen weltweit mit der Herausforderung konfrontiert, Wege zu finden, ihren Journalismus über gedruckte Inhalte hinaus auf digitalen Vertriebskanälen optimale zu vermarkten.

Diese Einsendeaufgabe stellt verschiedene Monetarisierungsmodelle vor und geht den Fragen nach, welche Rolle gedruckte Medien im Zuge einer voranschreitenden digitalen Disruption haben werden und beleuchtet die Auswirkungen der Urheberrechtsreform der Europäischen Union für den digitalen Journalismus.

2. Digitale Disruption des Printmarktes im Kurzüberblick

Verlage und Medienhäuser rund um den Globus haben die Digitalisierung lange Zeit unterschätzt und verspätet auf sich abzeichnende Trends beim Medienkonsum reagiert. Noch Anfang der 2000er Jahre hielten Medienunternehmen über lange Zeit erfolgreichen Erlösstruktur fest, die im Kern auf Umsätzen über Abonnements, sowie

---

[1] vgl. https://www.szv.de/wird-print-ueberleben-und-wenn-ja-wie-viele/
[2] vgl. Statista – Das Statistikportal, Dossier „Zeitschriften in Deutschland", S.9
[3] vgl. Statista – Das Statistikportal; Tägliche Nutzungsdauer ausgewählter Medien in Deutschland 2020, www.statista.com

gedruckten Rubrikenangeboten und Werbeanzeigen fußten. Besonders Deutschland, als Land der „Dichter und Denker", historisch gesehen mit einem im weltweiten Vergleich stark ausgeprägten Printmarkt, trifft die digitale Disruption hart. Erst mit den Anfängen der 2010er Jahre setzt in der Verlagsbranche ein Umdenken ein, um „adäquate Antwort auf die digitale Dauerdisruption"[4] zu entwickeln, die über das simple Übertragen der publizistischen Printinhalte hinausgeht, sondern den Content entsprechend des Nutzungsverhaltens und des Medienkanals angepasst aufzubereiten. Auch die Unternehmensstrategien stehen seitdem bei vielen Verlagen auf dem Prüfstand: Als eines der ersten Verlagshäuser in Deutschland ändert die Axel Springer SE Anfang der 2000er-Jahre seinen Kurs und veräußert bspw. 2013 einen beträchtlichen Teil des Printportfolios, um die Erlöse in die Digitalisierung des Unternehmensportfolios zu investieren.[5] Doch die Gretchenfrage, wie die negativen Tendenzen aus dem Printgeschäft stabil und langfristig mit Umsätzen aus dem Digitalbusiness aufgefangen werden können, ist weiterhin offen. Beide Medienkanäle sind in ihrer Ausprägung derart unterschiedlich, dass die Antwort nicht explizit zu beantworten ist. Das Internet stand lange für ein Informationsangebot, das im Gegensatz zu gedruckten Presseerzeugnissen ubiquitär, kostenfrei und stets aktuell zur Verfügung gestellt wird.

Mit verschiedenen Ansätzen, von denen im Folgenden drei näher beleuchtet werden, steuern Verlage immer konsequenter gegen diese Entwicklungen.

3. Finanzierungsmodelle für digitalen Journalismus
a. *Paid Content* am Beispiel von *BILDplus*

Digitale Inhalte stellen für Zeitungsverlage eine immer größere Relevanz dar. Lange Zeit standen die Verlage allerdings vor der Frage, wie ein optimales Modell zur Monetarisierung der journalistischen Inhalte langfristig und nachhaltig die negativen Zahlen aus dem Print-Geschäft kompensieren können.

Verlage und Medienunternehmen sehen sich seit den Anfängen der digitalen Transformation mit weitgreifenden Veränderungen konfrontiert. Dies betreffen einerseits die Nutzungsgewohnheit und das Leseverhalten von Medien, die Struktur ihrer Wettbewerber, aber auch die wesentlichen Unterschiede bei der Vermarktung von journalistischen Produkten über das Internet. Zu anfangs folgen sowohl deutsche

---

[4] vgl. Jaekel, M.; 2020
[5] vgl. Der Tagesspiegel, Spektakuläre Übernahme in der Printbranche; www.tagesspiegel.de

als auch internationale Medienhäuser dem Standard, ihren Content zum Nulltarif anzubieten – so ist es der User gewöhnt. Mit dem sogenannten *Paid Content* (dt.: bezahlter Inhalt) fangen die Verlage Mitte der 2010er Jahre an, für ihre journalistischen Publikationen von Tages- oder Wochenzeitungen im Internet Geld zu verlangen. Breyer-Mayländer erkennt dafür unter Anderem folgenden Grund: In der Nutzerschaft ist die Bereitschaft gewachsen, im Internet für Produkte und Dienstleistungen wie Apps, Musik oder Filme Geld zu bezahlen.[6] Dass dieser Trend auch bei Verlagsprodukten funktioniert, zeigen die steigenden Zahlen für ePaper in Deutschland, die zwischen 2013 und 2019 um 281% gestiegen sind.[7] In Deutschland hat sich *Paid Content* laut einer Zählung des BDZV bei insgesamt 228 deutsche Zeitungstitel durchgesetzt, wobei diese auf verschiedene Arten zurückgreifen:

- **Harte Bezahlschranke:** Die Abonnenten zahlen eine festgelegte Gebühr für das Online-Angebot einer Zeitung, „für alle anderen ist es nicht zugänglich."[8]
- *Metered Model*: Der Nutzer kann in einem bestimmten Zeitraum eine begrenzte Anzahl an redaktionellen Artikeln kostenfrei aufrufen, danach setzt die Bezahlschranke ein.
- *Freemium Model*: Eine selektive, vom Verlag getroffene Auswahl von redaktionellem Content wird kostenpflichtig angeboten.

Knapp die Hälfte der Verlage (52%) nutzen das *Freemium Model*, gefolgt vom *Metered Model* (20%) und einem Hybrid-Modell (14%)[9].

Als einer der Vorreiter bei *Paid Content* gilt die BILD-Zeitung, die mit ihrem Bezahlangebot *BILDplus* seit Marktstart im Jahr 2013 rund 467.540 Abonnenten[10] mit Content versorgen.

---

[6] vgl. Breyer-Mayländer, T.; 2018
[7] vgl. Statista – Das Statistikportal; Verkaufte E-Paper-Auflage in Deutschland in den Jahren 2005 bis 2019, www.statista.com
[8] Bundesverband Digitalpublisher und Zeitungsverleger, Paid Content Angebote deutscher Zeitungen, www.bdzv.de
[9] vgl. Statista – Das Statistikportal; Anzahl der genutzten Paid-Content-Modelle der Online-Zeitungsportale in Deutschland im Jahr 2020, www.statista.com
[10] vgl. IVW 2020/I

Abbildung 1: Screenshot der *BILDplus*-Homepage (https://offers.bild.de/info.html)

Die BILD-Gruppe greift bei *BILDplus* auf das *Freemium Model* zurück, das die Verlagsgruppe der Axel Springer SE bei allen Inhalten mit einem aus ihrer Sicht hohen Exklusivitätsgrad anwenden. Im Falle von *BILDplus* sind die Gründe für das *Freemium Model* divers. Unter die Bezahlschranke fällt, was bei Konkurrenztiteln nicht zu finden ist. *BILDplus* vereint zum Beispiel in der Summe viele Inhalte im Themenbereich Fußball und profitiert von einem herausragenden Netzwerk aufgrund einer ausgeprägten redaktionellen Sportkompetenz[11], die konkurrierende Medienhäuser in der Breite nicht bieten. Außerdem spielt *BILDplus* Lizenzrechte für die Bundesliga aus, die es dem Nutzer erlauben, direkt nach den Spielen in zusammenfassenden Clips die Highlights zeitunabhängig zu konsumieren[12]. Des Weiteren fallen unter das Abo-Modell Publikationen, für die der Verlag ein hoher journalistischer Aufwand eingegangen ist wie Dokumentationen oder exklusiv produzierte Webserien[13] oder die einen besonders hohen Nachrichtenwert haben. Damit können Artikel von Prominenten[14] oder Hintergrundberichte zu tragischen Ereignissen[15] gemeint sein. 2018 stand *BILDplus* im internationalen Vergleich unter dem Top fünf[16] und hat deutschlandweit das reichweitenstärkste *Paid Content*-Modell.

Inzwischen ist erkennbar, dass *Paid Content* bei der Nutzerschaft die entsprechende Akzeptanz findet. Für Verlagshäuser schlagen sich die Erlöse signifikant nieder, 2018 lagen die Erlöse bei 396 Mio. EUR, im Jahr darauf um rund 33% höher (2019: 527 Mio.

---

[11] vgl. BILD.de; Bayern-Hammer im Alaba-Poker; www.bild.de
[12] vgl. BILD.de; Channelseite „Fussball"; www.bild.de
[13] vgl. BILD.de; TOXIC BEAUTY - Das Gift in unserer Kosmetik; www.bild.de
[14] vgl. BILD.de; Artikel „Ist Herzogin Meghan wieder schwanger?"; www.bild.de
[15] vgl. BILD.de; „Elif (3) nach 65 Stunden aus Trümmern gerettet"; www.bild.de
[16] vgl. Werben & Verkaufen; Paid Content läuft bei Bild und Welt; www.wuv.de

EUR)[17]. *Paid Content* ist damit für viele Verlage mittlerweile eine ernst zu nehmende Umsatzsäule, da ein gut ausgebautes und von der Nutzerschaft akzeptiertes *Paid Content*-Modell die digitale Reichweite beeinflusst, welche wiederum maßgeblichen Einfluss auf Indikationen wie Anzeigenerlöse oder Markenrelevanz besitzt.

Weiterer Pluspunkt ist die flexible Gestaltung der Preismodelle – bei *BILDplus* variiert die Monetarisierung in Paketen zwischen monatlichen Festpreisen von 3,99 EUR (ohne ePaper) und 12,99 EUR (mit ePaper). Die Verlage sind in der Ausgestaltung der Abo-Modelle kreativ: Viele Verlage bieten den Nutzern in den Anfängen ihrer *Paid Content*-Offensive mit preisgünstigen Paketpreisen, in denen ein Tablet inkludiert ist, zusätzliche Anreize und bauen die Einstiegsbarrieren ab.

b. Digitale Abonnements im Flatrate-Modell am Beispiel *Readly*

Neben der Finanzierung des digitalen Journalismus durch *Paid Content* vertreiben Medienhäuser Abonnements als ePaper-Datei über verschiedene Vertriebskanäle. Einerseits stellen Zeitungs- und Zeitschriftenverlage ihre Angebote mit steigender Tendenz auf digitale Medienkanäle um, außerdem nutzen sie ihre eigenen Distributionswege wie Webseiten oder Web-Kioske. Sogenannte Flatrate-Modelle, wie es das 2012 gegründete schwedische Unternehmen *Readly* anbietet, sind ein zusätzlicher Weg. Das Geschäftsmodell baut auf der bekannten Praxis digitaler Streaming-Dienste wie *Netflix* oder *Spotify* auf. Gegen Zahlung einer monatlichen Gebühr von 9,99 EUR erhält der Nutzer bei *Readly* Zugang zu einer Datenbank von über 5.000 verschiedenen Publikumszeitschriften[18] aus den Bereichen *General Interest* und *Special Interest,* quasi ein „All you can read-Abomodell"[19]. *Readly* aggregiert die kostenpflichtigen Magazine und Zeitungen internationaler Verlage, welche wiederum mit rund 70% des gezahlten Preises[20] kompensiert werden. Der Konsum der publizistischen Inhalte erfolgt über eine App, die der Nutzer auf das mobile Endgerät installiert. Die Magazine und Zeitungen sind responsiv aufbereitet, d.h. sie passen sich der jeweiligen Bildschirmgröße automatisch an.

---

[17] vgl. Statista – Das Statistikportal, Schätzung der jährlichen Umsätze der deutschen Publikumspresse mit Paid Content in den Jahren 2013 bis 2019, www.statista.com
[18] vgl. https://de.readly.com/publishers_info
[19] vgl. kress; Was Readly-Chefin Maria Hedengren deutschen Publishern verspricht; www.kress.de
[20] vgl. Der Tagesspiegel; Mehr als bei jedem Zahnarzt; www.tagesspiegel.de

Abbildung 2: Screenshot der Homepage von *Readly* (https://de.readly.com/)

Mit seiner Datenbank-Mechanik vereint *Readly* die Vorteile der digitalen Welt mit den traditionellen Angeboten der Verlagshäuser und trägt dem gesellschaftlichen Mediennutzungsverhalten Rechnung, das – wie oben erwähnt – immer länger und intensiver auf digitalen Devices stattfindet. Die Magazine publizieren ihre Magazine auf einer zentralen Plattform und passen sich dem Wandel der Digitalisierung optimal an. Ziele sind die Erschließung neuer Anspruchsgruppen und Ansprache von Lesern, die Medien überwiegend über Mobile Devices konsumieren. Die Tiefe und Vielseitigkeit des Angebotes sticht heraus, ist für Streaming-Anbieter eine entscheidende Eigenschaft, die das gute Preis-Leistungsverhältnis unterstreicht. Nutzerzahlen kommuniziert das schwedische Unternehmen nicht, dennoch wird sich das Geschäftsmodell erst ab einer Abonnentenanzahl im höheren fünfstelligen Bereich skalieren lassen. Verlage haben hierneben den Vorteil, die Abrufzahlen ihrer journalistischen Produkte in branchenbekannte Reichweitentools wie der IVW zählen zu lassen.

Nicht wenige Entscheider sehen in solchen Flatrate-Modellen jedoch eine Entwertung des Qualitätsjournalismus und tatsächlich darf nicht unerwähnt bleiben, dass die Gewinnspanne für digitale Verlagsprodukte mit den gedruckten Substituten nicht mithalten können. Allerdings entfallen bei digitalen Publikationen für Verlage große Kostenträger wie Material und Transport, dies wirkt sich zwangsläufig auf die Preisgestaltung aus. Obwohl das Abo-Modell von *Readly* eine vielversprechende

Entwicklung nimmt – die Umsätze steigen von 13 Mio. im Jahr 2017 auf knapp 20 Mio. in 2018[21] – steht das Flatrate-Modell in Deutschland noch in den Kinderschuhen, denn nur rund 8% der Deutschen bezahlen derzeit für Online-Nachrichten im Internet.[22]

c. Digitaler Artikelkiosk am Beispiel *Blendle*

Das 2014 gegründete niederländische Start-Up *Blendle* verfolgt einen ähnlichen Ansatz wie *Readly*, berücksichtigt aber den Umstand, dass Nutzer über digitale Kanäle nicht derart ausdauernd lesen wie bei gedruckten Medien. Anstatt Gesamtausgaben zu vertreiben, haben Abonnenten in Deutschland nach der Anmeldung Zugriff auf eine zentralisierte Datenbank, auf der Einzelartikel von verschiedenen Verlagsprodukten – Tageszeitungen und Publikumszeitschriften – gegen eine geringe Gebühr buchbar sind. Man spricht von einem sogenannten „*Micropayment*"-Modell, bei dem sich Anbieter *Blendle* und die Verlage die Einnahmen ähnlich wie bei *Readly* aufteilen. Seit zwei Jahren bietet *Blendle* außerdem einen Premium-Service an, bei dem eine monatliche Gebühr von 10 EUR gefordert wird.

Die Gründung von *Blendle* ist eine direkte Auswirkung des Medienkonsums über Smartphone oder Tablets, denn immer weniger Nutzer nehmen sich die Zeit, eine Publikation von der ersten bis zur letzten Seite durchzulesen. Hinzu kommt, dass die Verwendung häufig zur Überbrückung von Wartezeit (in der Bahn oder an der Bushaltestelle) oder als Second Screen beim Fernsehen dient. Eine Studie der ZMG hat für Zeitungen folgendes herausgefunden: „Die Lesedauer einer Zeitung beträgt durchschnittlich 39 Minuten, wobei 80 Prozent der Befragten mindestens die Hälfte aller Seiten liest".[23] Es ist erkennbar, dass die Qualität des Konsums bei Print deutlich höher ist. *Blendle* schafft ein Angebot, bei dem der Nutzer nach Artikeln selektieren und das Angebot der Verlage nach Themen clustern kann, die sein eigenes Interesse optimal widerspiegeln und sich an die verfügbare Zeitressourcen anpassen.

---

[21] vgl. Der Tagesspiegel; Mehr als bei jedem Zahnarzt; www.tagesspiegel.de
[22] vgl. Statista – Das Statistikportal, Anteil der Befragten in ausgewählten Ländern weltweit, die im vergangenen Jahr für Online-Nachrichten im Rahmen eines Abonnements oder Einmalzahlung bezahlt haben, www.statista.com
[23] vgl. Horizont; Wer Zeitung liest, liest konzentriert; www.horizont.de

Mit Blendle kannst du Artikel aus allen deinen Lieblingszeitungen und -zeitschriften lesen. Ohne Abo.

Klick deine Lieblingstitel an und **teste kostenlos**.

Beliebte Titel auf Blendle

Abbildung 3: Screenshot der Homepage von *Blendle* (https://blendle.com/signup/kiosk)

Blendle steht laut Aussagen des Mitgründers und Geschäftsführers Alexander Klöpping vor der Herausforderung einerseits aus Kleinstbeträgen, die sich pro Artikel zwischen 0,39 Euro bis 1,99 Euro bewegen, und andererseits aus dem Abo-Modell langfristig mindestens 100.000 dauerhaft zahlende Abonnenten[24] zu generieren, um profitabel zu sein. Laut Unternehmensangaben zahlen derzeit rund 60.000 Premium-Abonnenten und 100.000 Käufer einzelner Artikel.[25]

Verlage bekommen über Anbieter wie *Blendle* oder *Readly* die Möglichkeit auf bestehende vertriebliche Infrastrukturen aufzusetzen und gegen geringe Kosten sowie wenig technischen Aufwand, neue – meist jüngere – Käufergruppen anzusprechen. Beide Modelle zeigen, dass die Umsätze nicht automatisch explosionsartig ansteigen und sich die Bereitschaft, bezogen auf den deutschen Markt, verhältnismäßig langsam entwickelt und noch lange nicht das Niveau erreicht hat, das Verlage und Medienhäuser mit ihren Printpublikationen umzulegen gewohnt sind.

4. Erläuterung der EU-Urheberrechtsreform und Herausarbeitung der Vorteile für digitalen Journalismus

a. Ausgangslage

Im März 2019 beschließen die Abgeordneten des EU-Parlaments eine Aktualisierung des Urheberrechts im digitalen Binnenmarkt. Es ersetzt die Gesetze und Regelungen des EU-Urheberrecht aus der Fassung des Jahres 2001. Das Ziel: Das Urheberrecht

---

[24] vgl. Twitter; Alexander Klöpping, Post vom 04. Juni 2019; www.twitter.com/AlexanderNL
[25] vgl. meedia, Schluss mit dem Artikel-Einzelverkauf! Blendle setzt künftig voll auf das Premium-Modell

an das Zeitalter der Digitalisierung und deren Funktionalität anzupassen sowie die Nutzung urheberrechtlich geschützter Werke im Internet optimal auf europäischer Ebene einheitlich zu schützen. Die Überarbeitung ist vehement von Verlagen, Medienhäusern, aber auch der Politik vorangetrieben. Die Urheberrechtsreform wird kontrovers diskutiert, die Meinungen gehen stark auseinander. Welche Bedeutung das Gesetz für den digitalen Journalismus hat und welche Anreize sich primär für Startups und Anbieter von Blogs ergeben, soll im Folgenden näher beleuchtet werden. Zum vollständigen Verständnis der Materie muss zunächst der Hintergrund und die Ausgangslage erläutert werden.

Mit zunehmender Bedeutung des Internets ist für die Verlagsbranche außerhalb der angestammten Märkte globale Konkurrenz in Form einflussreicher Tech- und Digitalunternehmen gewachsen, die die Kernkompetenz – nämlich die Versorgung der Bevölkerung mit Informationen über journalistischen Content – angreifen. Im Mittelpunkt der Kritik stehen die „Big Player" der Internetbranche: Suchmaschinenanbieter wie *Google* oder das soziale Netzwerk *Facebook* haben sich in den vergangenen 20 Jahre rasant entwickelt und zum Teil eine marktbeherrschende Stellung in ihrem Segment erarbeitet. Immer häufiger kam es in den letzten Jahren zu Machtmissbrauch aufgrund der einflussreichen Positionierung und damit zu Unstimmigkeiten. In Erläuterung 3 der Urheberrechtsreform steht dazu: „Die rasanten technologischen Entwicklungen führen zu einem ständigen Wandel in der Art und Weise, wie Werke und sonstige Schutzgegenstände geschaffen, erzeugt, vertrieben und verwertet werden."[25] Gemeint ist die Erweiterung der Angebote einiger Online-Dienste auf die Bereitstellung von Nachrichten und journalistische Inhalte über sogenannte *News Feeds*. Dazu wurde bestehender Content aggregiert, anstatt ihn selbst zu produzieren. Leidtragende sind die Medienkonzerne und Verlagshäuser, die als Urheber der Beiträge nicht kompensiert werden. Weiter schreibt Erläuterung Nr. 3: „Es entstehen laufend neue Geschäftsmodelle, und neue Akteure treten auf den Plan. Die einschlägigen Rechtsvorschriften müssen zukunftstauglich sein, damit die technologische Entwicklung nicht behindert wird."[26]

Im Gesetzestext ist dies wie folgt verankert: „Für einen gut funktionierenden und fairen Urheberrechtsmarkt sollten auch Vorschriften über die Rechte an Veröffentlichungen,

---

[24] vgl. RICHTLINIE (EU) 2019/790 DES EUROPÄISCHEN PARLAMENTS UND DES RATES vom 17. April 2019 über das Urheberrecht und die verwandten Schutzrechte im digitalen Binnenmarkt und zur Änderung der Richtlinien 96/9/EG und 2001/29/EG, Erläuterung Nr. 3, S. 1

über die Nutzung von Werken oder sonstigen Schutzgegenständen durch Anbieter von Online-Diensten, die von Nutzern hochgeladene Inhalte speichern und zugänglich machen, über Transparenz bei Verträgen mit Urhebern und ausübenden Künstlern, über die Vergütung von Urhebern und ausübenden Künstlern sowie ein Verfahren für den Widerruf der von Urhebern und ausübenden Künstlern übertragenen ausschließlichen Rechte festgelegt werden."[28] Die überarbeitete Urheberrechtsreform setzt folglich gesetzlich fest, dass Online-Dienste, die publizistische Inhalte von Dritten „für kommerzielle Zwecke nutzen [wolle], sich mit dem Publisher auf eine Lizenzgebühr einigen [müssen]."[27] Dabei geht es zum einen um die Verwendung fremden Inhaltes, zum anderen soll mit dem Vergütungsmodell ein finanzieller Ausgleich geschaffen werden, da Suchmaschinen oder Videoplattformen durch die Nutzung fremden Inhaltes bei den Werbeerlösen immense Vorteile erhalten. Verankert sind die Rechtsvorschriften zum Leistungsschutzrecht in Artikel 11 und Artikel 13.[28]

b. Auswirkungen für neue Formen des digitalen Journalismus

Nicht nur europäische Medienkonzerne profitieren von den Lizenzeinnahmen, die Regelungen beziehen ebenso mit ein, dass Jungunternehmen wie Startups oder unabhängige Blogger eine rechtliche Grundlage erhalten, auf die sie sich im Kampf um die Sicherung ihres geistiges Eigentums gegenüber das Urheberrecht verletzenden mächtigen Marktteilnehmern berufen können. Einerseits stützt das Gesetz also bereits existierende Unternehmen, andererseits schaffe es „Anreize für Innovation, Kreativität, Investitionen und die Produktion neuer Inhalte, auch im digitalen Umfeld"[29] sichert somit den fairen Wettbewerb in der Europäischen Union und baut Eintrittsbarrieren für die Gründung von europäischen Digital-Unternehmen „als Gegengewicht zu den marktmächtigen US-amerikanischen sowie chinesischen Plattformen [...]"[30] ab.

Das Institut der Deutschen Wissenschaft stellt zwei wesentliche ökonomische Funktionen bei der Bewertung heraus:

---

[27] vgl. meedia; Mathias Döpfner: „Urheberrechtsreform wird Innovationsschub bei Bloggern und kleinen Verlagen auslösen", www.meedia.de
[28] vgl. RICHTLINIE (EU) 2019/790 DES EUROPÄISCHEN PARLAMENTS UND DES RATES vom 17. April 2019 über das Urheberrecht und die verwandten Schutzrechte im digitalen Binnenmarkt und zur Änderung der Richtlinien 96/9/EG und 2001/29/EG, Art. 15; S. 27ff
[29] vgl. RICHTLINIE (EU) 2019/790 DES EUROPÄISCHEN PARLAMENTS UND DES RATES vom 17. April 2019 über das Urheberrecht und die verwandten Schutzrechte im digitalen Binnenmarkt und zur Änderung der Richtlinien 96/9/EG und 2001/29/EG, Erläuterung Nr. 2, S. 1
[30] vgl. Demary/Rusche, The Economics of Platforms, 2018

Schutzfunktion

Wird das Urheberrecht nicht vor Missbrauch Dritter gesetzlich geschützt, ist es wirtschaftlich als ein öffentliches Gut zu betrachten. Wirtschaftlich öffentliche Güter zeichnen sich dadurch aus, dass sie keinen Einfluss auf den Vertrieb von anderen Gütern („Nicht-Rivalität") haben und Dritte von der Nutzung nicht ausschließen („Nicht-Ausschließbarkeit") können.[31] Die wirtschaftlichen Anreize für Investoren, sich finanziell an der Unternehmung zu beteiligen, oder für Verbraucher, die Ware zu erstehen, sind folglich sehr gering. Dies hat zur Folge, dass der Urheber von seiner Geschäftsidee nicht leben kann und diese erst gar nicht herstellt. Das Leistungsrecht sichert dem Urheber ein „Monopol für den Rechteinhaber" zu und soll motivierend auf Gründer wirken, damit langfristig die kulturelle und journalistische Vielfalt im virtuellen Raum erhalten bleibt.

Informationsfunktion

Neben der Schutzfunktion verbessert die Urheberrechtsreform die Stellung der Rechteinhaber gegenüber marktbeherrschenden Digitalplattformen, in dem der Urheber eines Werkes durch den Verwender auf Basis von ausgehandelten Verträgen vergütet wird und die Entfernung der Inhalte verlangen kann, wenn veröffentlichte Werbe seiner selbst diesen Umstand nicht erfüllen. Die Europäische Union bewirkt einen Interessensausgleich, „indem es das Interesse der Rechteinhaber (möglichst breiter Schutz) und das Interesse der Allgemeinheit (möglichst enger Schutz) gegeneinander abwägt"[32]. Die Plattformen werden zur Transparenz hinsichtlich der Verwertung lizenzierter Werke verpflichtet und stehen dafür ein, Verstöße ihrer User durch regelmäßige Prüfung ihrer Inhalte entsprechend zu ahnden.

Blogs profitieren insofern von Regelungen, dass sie publizistische Inhalte für nicht-kommerzielle Zwecke weiterhin nutzen dürfen. Für werbefinanzierte Blogs gilt dieser Umstand allerdings nicht. Hier zeigen sich die Schwächen der Urheberrechtsreform.

c. Kritische Auseinandersetzung

Anderthalb Jahre nach der Verabschiedung der Urheberrechtsreform ist fraglich, ob

---

[31] vgl. Rusche / Scheufen; Zur Ökonomik der EU-Urheberrechtsreform; 2019
[32] Demary/Rusche, The Economics of Platforms, 2018

die gewünschten Änderungen und Verbesserungen auch nachhaltig wirken. Finanzstarke Medienkonzerne haben deutlich mehr Macht und Lobby, die Forderungen bei Online-Dienstleistern durchzusetzen. Die Position der Startup- und Bloggerszene gegenüber Google, YouTube und Co. hat sich durch die gesetzlichen EU-Reformen nicht nur zum Vorteil entwickelt. Viele junge Unternehmen setzen bewusst auf den Traffic durch Suchmaschinen oder Social Media-Plattformen, um ihre Reichweite aufzubauen. Mit fehlender Sichtbarkeit sinkt zwangsläufig auch die Conversion. Dem entgegenzustehen, dazu bedarf es einer soliden finanziellen Grundlage, die nicht immer vorhanden ist. Kritiker bemängeln, dass sich an der Verhandlungsposition nicht viel zum Positiven gewandelt hat, da das Überleben vieler Startup-Unternehmen in direkter Abhängigkeit zu den Weiterleitungen der „Big Player" steht. Dies kann dazu führen, dass Verträge ausgehandelt werden, die die Urheberrechteinhaber benachteiligen. Eine Monetarisierung findet dann zwar statt, aber zu Ungunsten derer, denen der besondere Schutz zu Gute kommen soll.

5. Rolle von Printmedien im Zuge der digitalen Transformation

Wie bereits in der Einleitung erwähnt, wird der gedruckten Mediengattung von vielen Seiten ein baldiges Verschwinden nachgesagt. Betrachtet man die seit Jahren negativen Zahlen – gemeint sind Auflage oder Vertriebs- und Werbeerlöse – bestätigt sich die Aussage, dass Print-Produkte langfristig nicht mehr existent sein werden. Über die wirtschaftlichen Kennzahlen hinaus gibt es aber auch Gründe, die für eine Zukunft von Print neben den digitalen Medien sprechen. Basierend auf der Frage, ob Printmedien für innovativen und hochwertigen Journalismus eine Zukunft haben, wird folgend erörtert, welche Relevanz Tageszeitungen und Zeitschriften in der Medienwelt spielen werden.

Die digitale Transformation sorgt innerhalb der Gesellschaft für einen Wandel der Mediennutzung. Die Deutschen wenden für digitale Inhalte über Smartphone oder Tablet immer mehr Zeit auf – im Durchschnitt 133 Minuten am Tag[33] –, wohingegen gedruckte Medien in Form von Tageszeitung (15 Minuten) und Zeitschriften (7 Minuten) stetig an Relevanz verlieren. Je jünger eine Zielgruppe, desto höher fällt die zeitliche Diskrepanz zwischen Internet und Print aus. Das „Aussterben" der „Digital Immigrant", d.h. der Generationen, die in einer Zeit ohne Internet groß geworden sind

---

[33] vgl. SevenOne Media; Media Activity Guide 2020, S. 13 (Oktober 2020)

und zu deren Lebenswelt der Umgang mit Printmedien gehörte, wird den Verlagen zusätzlich zusetzen und in den kommenden Jahren weiterhin Auflage kosten. Dennoch ist das Spannungsverhältnis zwischen Print und Online per se nicht ungewöhnlich, viele Branchen durchleben im Laufe ihrer Entwicklung schwere Zäsuren. Die Verlagsbranche befindet sich einer medialen Übergangsphase[34], in der eingestanden werden muss, dass das Internet das Medienangebot sinnhaft erweitert hat.

Online-Medien sind gedruckten Medien auf einigen relevanten Ebenen voraus: Dies betrifft Eigenschaften wie die „permanente Aktualisierbarkeit, die Archivierung, die Additivität [...], die Selektivität, die globale Verbreitung und die Integration verschiedener Kommunikationsmodi [...]"[35]. Dank der flächendeckenden Verbreitung der Endgeräte sind Informationen jederzeit ortsunabhängig abrufbar, oftmals multimedial, also als Verknüpfung aus unterschiedlichen Medienkanälen. Verlage und Medienhäuser sind daher in der Pflicht, sich an die gewandelten Bedürfnisse der Nutzer anzupassen und die Stärken von Printpublikation um die positiven Eigenschaften von Online-Medien sinnvoll zu erweitern.

Ob sich hochwertiger Journalismus in Form aufwendig recherchierter Reportagen oder Berichte auf das Internet über die Publikation als ePaper hinaus übertragen lässt, ist schwer zu beantworten. Nach wie vor verfügen Printmedien bei der überwiegenden Masse über einen guten Ruf. 83 Prozent der Befragten einer Studie aus 2012 denken, dass Printmedien auch noch in etwa 30 Jahren Relevanz haben.[36] Gründe dafür sind, dass der Journalismus in Print als besonders glaubwürdig gilt, weil Redaktionen mit Journalisten zusammenarbeiten, die – anders als im Internet, wo die Einstiegsbarrieren niedrig sind – die entsprechenden Fachkenntnisse für guten Journalismus nachweisen können. Da im Internet nahezu jeder publizieren kann, macht dies die Herkunftsbestimmung komplizierter. Erst mit etablierten Geschäftsmodellen bestehen Chancen, Qualitätsjournalismus im Digitalen zu etablieren.[37]

Zur Betrachtung der Frage nach der Relevanz für Printmedien muss über die zeitliche

---

[34] Bartelt-Kirchner et al; 2010
[35] Hohlfeld / Meier / Neuberger, 2002
[36] vgl. Statista – Das Statistikportal, Glauben Sie, dass gedruckte Zeitschriften in 20, 30 Jahren noch ein relevantes Medium sein werden oder glauben Sie das nicht?, www.statista.com
[37] Hohlfeld / Meier / Neuberger, 2002

Dauer auch die Art der Mediennutzung herangezogen werden. Diese unterscheidet sich nämlich bei Print- und Digitalmedien immens. Die Qualität des Konsums ist bei gekauften Printprodukten ungemein höher: Dies beginnt bereits mit dem Kauf einer Printpublikation. Anders als digitale Devices entscheidet sich der Käufer / Abonnent einer Zeitung oder Zeitschrift bewusst für das Medium und schenkt damit dem Verlag, seiner Redaktion und allen anderen Beteiligten sein Vertrauen. Der Kauf erfolgt mit dem Ziel, in der Lesesituation seine gesamte Konzentration und Aufmerksamkeit dem Objekt zu widmen. Jeder Leser nimmt sich bewusst die Zeit, in den Inhalt einer Zeitung oder Zeitschrift einzutauchen und sich auf den Inhalt einzulassen. Dies beeinflusst maßgeblich die Aufnahme von Informationen und ist ein wichtiges Asset von gedruckten Medien. Der Content selbst ist dabei in ein in sich abgeschlossenes Produkt eingebettet, das durch Einteilung in Ressorts die redaktionellen Beiträge zuordnet und dem Leser eine verbesserte Orientierung gibt. Diese Eigenschaften unterstützen die Aufnahmen von tiefgründigem und inhaltlich anspruchsvollem Journalismus, der sich über gedruckte Medien intensiver konsumieren lässt.

Dies bestätigen auch diverse Studien zum Leseverhalten von Smartphones oder Tablets: Zum einen wird das menschliche Auge durch das künstliche Licht des Bildschirmes stärker strapaziert und der Leser hat ein früher einsetzendes Müdigkeitsgefühl. Zum anderen lesen Nutzer digitale Inhalte auf eine andere Art und Weise. Das sogenannte F-Schema veranschaulicht, dass die Intensität des Lesens am Anfang eines digitalen Lesestücks besonders hoch ist, mit fortlaufender Dauer der Nutzer jedoch in ein sogenanntes *Scanning* übergeht, bei dem der Inhalt nach relevanten Informationen überflogen wird. Die Gründe liegen hierfür in der Lesesituation: Der Konsum digitaler Inhalte stellt häufig eine Ersatzhandlung dar, in Wartesituationen, um Zeit zu überbrücken oder als Second Screen. Eine Studie von ARD und ZDF ergab, dass 57% der Befragten ab 14 Jahren TV und Smartphone parallel nutzen würden.[38] All dies hat Auswirkungen auf die Aufbereitung der Texte im Digitalen: Komplexe, verschachtelte Satzgefüge, die Nutzung von Fremdwörtern oder die Darstellung anspruchsvoller Zusammenhänge eignen sich für digitale Publikation nicht. Einen Ausgleich schaffen digitale Inhalte durch die Erweiterung des Contents mit auditiven, visuellen oder audiovisuellen Elementen – bspw. durch den Einsatz von Videos, Audiodateien oder interaktiven Grafiken. Zeitungen und Zeitschriften stellen

---

[38] vgl. Busemann / Tippelt, 2014

eher die Message in den Vordergrund, ihre Inhalte sind naturgemäß statisch und bestechen eher durch aufwendige grafische Umsetzungen. An Quantität mangelt es auf dem deutschen Printmarkt nicht, denn das Angebot an gedruckten Medien ist so groß wie selten zuvor, im Jahr 2019 wird mit 1.569 im Markt die zweithöchste Anzahl an Publikumszeitschriften[39] gemessen. Der Markt ist nicht tot, Verlage sehen weiterhin eine Nachfrage für gedruckte Medien, erkennbar ist jedoch eine zunehmende Diversifizierung. Eine Studie der Hamburger Medien- und Digitalwirtschaft geht der Frage nach, welche Print-Produkte in zehn Jahren noch relevant sein würden. Die Befragten geben bestimmten Gattungen wie Fachzeitschriften (51,9%) und Tageszeitungen (51,7%) ein höheres Relevanzlevel hat als Nachrichtenmagazine (28,7%) und Boulevardtitel (26,1%)[40]. Die Ergebnisse bestätigen einen Trend der letzten Jahre. Im Segment der Printmedien entstehen immer häufiger Titel, die hochwertigen Journalismus für Special Interest-Themen verlegen und sich in einem hohen Preissegment ansiedeln. Das heißt konkreter: Je austauschbarer und allgemeiner die Inhalte, desto leichter ist es, diese Inhalte im digitalen für den Nutzer kostengünstiger zu publizieren.

Ein Positivbeispiel ist die zweimonatlich erscheinende Zeitschrift *LandLust* aus dem Verlag *Deutsche Medien-Manufaktur* anzuführen, die mit der Einführung im Oktober 2005 in einem umkämpften Markt eine komplett neue Nische besetzte und eine völlig neue Zeitungsgattung erschuf. Innerhalb von acht Jahren stieg die verkaufte Auflage im ersten Quartal 2013 auf einen Höchststand von 1.098.385 Exemplaren.[41] In den Folgejahren reagierten eine Reihe anderer Verlage, sodass im Segment der Land- und Mindstyletitel mittlerweile eine ganze Reihe von Ablegern entstanden sind.

Ein weiterer Trend, der erst in den letzten Jahren entstanden ist, verfolgt einen entgegengesetzten Weg: Nicht die Überführung gedruckter Inhalte in das Internet steht im Mittelpunkt, sondern die Aufbereitung digitalen Contents in einem Magazin. Unter dem Begriff „*Reverse Publishing*" nutzen Medienmarken die Vorteile von haptischen Magazinen, um eigene digitale Inhalte zu erweitern bzw. ihr Markenimage zu steigern. Der Streaming-Dienst *Netflix* ist mit *Queue* in den USA im August 2019 diesen Weg gegangen. Die Macher des Magazins schreiben: „A new print journal gives readers

---

[39] vgl. Statista – Das Statistikportal; Anzahl der in Deutschland publizierten Publikumszeitschriften in den Jahren 1997 bis 2019; www.statista.com
[40] vgl. Statista – Das Statistikportal, Infografik zur Zukunft von Printmedien; www.statista.com
[41] vgl. Statista – Das Statistikportal; Verkaufte Auflage der Landlust vom 3. Quartal 2012 bis zum 3. Quartal 2020; www.statista.com

insight into the process of creating great entertainment for the global streaming service and beyond.".[42] Mit dem optisch opulenten Magazin hat Netflix bewiesen, das sich die inhaltlich Verknüpfung mit den eigenen Bewegtbildinhalten in Print verlängern lässt, sodass für den Leser ein zusätzlicher Mehrwert entsteht. In Deutschland hat der Verlag *Gruner + Jahr* mit *Chefkoch* das identische Prinzip angewandt und ein Magazin herausgebracht, das auf der gleichnamigen App basiert.

Zusammenfassend lässt sich sagen, dass Print in der Medienlandschaft zwar nicht mehr in der gewohnten Intensität genutzt wird, das Angebot in Deutschland aber dennoch außerordentlich breit ist. Die Voraussetzungen für den Konsum komplexen Journalismus erfüllen gedruckte Medien im Vergleich zu digitalen Plattformen besser, dies liegt vor allem am Stellenwert und der Nutzungssituation. Der Leser setzt sich mit den Inhalten intensiver auseinander, kann ausdauernder konsumieren und nimmt dadurch diffizile Zusammenhänge besser auf. Folglich hat Print auch in Zukunft eine tragende Rolle für hochwertigen Journalismus. Die jüngeren Generationen fordern die Verlage jedoch dahingehend heraus, gedruckte und digitale Inhalte zukünftig näher zusammenzuführen und derart auszugestalten, dass eine Nutzung Hand in Hand geht. Zu diesem Zweck muss redaktioneller Content auf beiden Kanälen multimedial aufbereitet werden, damit die Medienunternehmen stets die individuellen Bedürfnisse der Leserschaft berücksichtigen. Die Basis stellen solide Monetarisierungsmodell für digitalen Journalismus, die die Umsatzeinbußen aus dem Printgeschäft auffangen können, aber ebenso eine gesetzliche Grundlage, die Verlage vor Urheberrechtsverletzungen von Dritten schützen.

---

[42] vgl. Pentagram; 'Netflix Queue'; www.pentagram.com

Literaturverzeichnis

Abolhassan, F.; Was treibt die Digitalisierung?; Springer Gabler, Wiesbaden; S. 49-61, S 91-101

Bartelt-Kirchner et al; Krise der Printmedien: Eine Krise im Journalismus?; De Gruyter Saur, Berlin; 2010; S. 32-62

Breyer-Mayländer, T.; Vom Zeitungsverlag zum Medienhaus – Geschäftsmodelle in Zeiten der Medienkonvergenz, Springer Gabler, Wiesbaden (2015);

Demary, V./ Rusche, C.; The Economics of Platforms; Institut der deutschen Wirtschaft Köln e. V. (2018); S. 6-16; S. 30-57

Hohlfeld, R./ Meier, K./ Neuberger, C.; Innovationen im Journalismus; LIT Verlag; Münster; 2002; S. 25-55

Jaekel, M., Disruption durch digitale Plattform-Ökosysteme – Eine kompakte Einführung, Springer Gabler, Wiesbaden (2020), S. 1-12, 47-72

Kramp, L. / Novy, L. / Ballwieser, D. / Wenzlaff, K.; Journalismus in der digitalen Moderne – Einsichten - Ansichten – Aussichten; Springer Gabler, Wiesbaden (2013); S. 135-158

Regier, S. / Schunk, H. / Könnecke, T.; Marken und Medien – Führung von Medienmarken und Markenführung mit neuen und klassischen Medien; Springer Gabler, Wiesbaden; S. 281-299

Quellenverzeichnis

Börsenvereins des deutschen Buchhandels e.V.; Jahresbericht 2019/2020
(Kurzversion);
https://www.boersenverein.de/tx_file_download?tx_theme_pi1%5BfileUid%5D=6602
&tx_theme_pi1%5Breferer%5D=https%3A%2F%2Fwww.boersenverein.de%2Fboers
enverein%2Fbundesverband%2Fjahresberichte%2F&cHash=1f5e26dee224a3192f7
1f236e5fd3be7

Bundesverband Digitalpublisher und Zeitungsverleger (BDZV), Paid Content
Angebote deutscher Zeitungen; https://www.bdzv.de/maerkte-und-
daten/digitales/paidcontent/

Bundesverband Digitalpublisher und Zeitungsverleger (BDZV); Zur
wirtschaftlichen Lage der deutschen Zeitungen 2019;
https://www.bdzv.de/fileadmin/bdzv_hauptseite/markttrends_daten/maerkte/assets/W
irtschaftliche_Lage_der_Branche_2018_19.pdf

Bundeszentrale für politische Bildung; EU-Urheberrechtsreform: Mehr
Gerechtigkeit oder Zensur?; https://www.bpb.de/politik/hintergrund-
aktuell/287108/eu-urheberrechtsreform (26. März 2019)

Busemann, K. / Tippelt, F.; Second Screen: Parallelnutzung von Fernsehen und
Internet; Ergebnisse der ARD/ZDF-Onlinestudie 2014 publiziert in Media
Perspektiven 7-8/2014; https://www.ard-zdf-onlinestudie.de/files/2014/0708-
2014_Busemann_Tippelt.pdf

Europäische Union; Amtsblatt der europäischen Union - RICHTLINIE (EU)
2019/790 DES EUROPÄISCHEN PARLAMENTS UND DES RATES
vom 17. April 2019 über das Urheberrecht und die verwandten Schutzrechte im
digitalen Binnenmarkt und zur Änderung der Richtlinien 96/9/EG und 2001/29/EG;
https://eur-lex.europa.eu/legal-content/DE/TXT/PDF/?uri=CELEX:32019L0790 (17.
April 2019)

faz.net, Journalismus-Start-up Blendle wird verkauft;
https://www.faz.net/aktuell/wirtschaft/digitec/journalismus-start-up-online-kiosk-
blendle-wird-verkauft-16882474.html (30. Juli 2020)

Handelsblatt; Online-Dienst verkauft einzelne Zeitungsartikel;
https://www.handelsblatt.com/unternehmen/it-medien/blendle-kommt-nach-
deutschland-viele-regionalzeitungen-sind-dabei/11888776-2.html?ticket=ST-
4652362-DaBhF0ecHziVPbvXhBrK-ap2 (09. Juni 2015)

Handelsblatt; Online-Experimente wollen digitalen Journalismus umkrempeln;
https://www.handelsblatt.com/dpa/wirtschaft-handel-und-finanzen-online-
experimente-wollen-digitalen-journalismus-umkrempeln/10719784.html
(18. September 2014)

Horizont; Wer Zeitung liest, liest konzentriert;
https://www.horizont.net/medien/nachrichten/ZMG-Studie-Wer-Zeitung-liest-liest-konzentriert-165700 (20. März 2018)

Institut der Deutschen Wissenschaft (IW); Zur Ökonomik der EU-Urheberrechtsreform; https://www.iwkoeln.de/studien/iw-kurzberichte/beitrag/christian-rusche-marc-scheufen-zur-oekonomik-der-eu-urheberrechtsreform-424652.html (27. März 2019)

Kress; Was Readly-Chefin Maria Hedengren deutschen Publishern verspricht;
https://kress.de/news/detail/beitrag/144172-was-readly-chefin-maria-hedengren-deutschen-publishern-verspricht.html (13. Dezember 2019)

Meedia; Magazin-Flatrate Readly sichert sich 15 Mio. Euro Investitionen – und gibt sich Apple gegenüber selbstbewusst; https://meedia.de/2019/06/19/magazin-flatrate-readly-sichert-sich-15-mio-euro-investitionen-und-gibt-sich-gegenueber-apple-selbstbewusst/ (19. Juni 2019)

Meedia; Schluss mit dem Artikel-Einzelverkauf! Blendle setzt künftig voll auf das Premium-Modell; https://meedia.de/2019/06/07/schluss-mit-dem-artikel-einzelverkauf-blendle-setzt-kuenftig-voll-auf-das-premium-modell/ (07. Juni 2019)

Meedia; Mathias Döpfner: „Urheberrechtsreform wird Innovationsschub bei Bloggern und kleinen Verlagen auslösen"; https://meedia.de/2019/03/27/springer-ceo-mathias-doepfner-zu-artikel-13-urheberrechtsreform-wird-innovationsschub-bei-bloggern-und-kleinen-verlagen-ausloesen/ (27. März 2019)

Pentagram; 'Netflix Queue'; https://www.pentagram.com/work/netflix-queue/story

Readly; Readly für Verlage; https://de.readly.com/publishers_info

Readly; Über Readly; https://de.readly.com/about

Statista – Das Statistikportal; Anzahl der in Deutschland publizierten Publikumszeitschriften in den Jahren 1997 bis 2019; https://de.statista.com/statistik/daten/studie/244886/umfrage/publikumszeitschriften-in-deutschland/#:~:text=Im%20Jahr%202019%20erschienen%20insgesamt,1997%20noch%201.048%20Titel%20publiziert. (April 2020)

Statista – Das Statistikportal; Schätzung der jährlichen Umsätze der deutschen Publikumspresse mit Paid Content in den Jahren 2013 bis 2019; https://de.statista.com/statistik/daten/studie/501454/umfrage/umsaetze-der-publikumspresse-mit-paid-content-in-deutschland/ (Januar 2020)

Statista – Das Statistikportal; Infografik zur Zukunft von Printmedien; www.statista.com https://de.statista.com/infografik/15032/umfrage-zur-zukunft-von-printmedien/ (10, August 2018)

Statista – Das Statistik-Portal; Dossier „Zeitschriften in Deutschland";

https://de.statista.com/statistik/studie/id/6598/dokument/zeitschriften-statista-dossier/ (Veröffentlichung: 2019)

Statista – Das Statistik-Portal; Ranking der erfolgreichsten Apps im Google Play Store in der Kategorie Nachrichten und Magazine nach Umsatz in Deutschland im Juli 2020; https://de.statista.com/statistik/daten/studie/690126/umfrage/nachrichten-apps-im-google-play-store-nach-umsatz-in-deutschland/ (August 2020)

Statista – Das Statistikportal; Verkaufte Auflage der Landlust vom 3. Quartal 2012 bis zum 3. Quartal 2020; https://de.statista.com/statistik/daten/studie/373843/umfrage/verkaufte-auflage-der-landlust/#:~:text=Schwankende%20Auflagenzahlen%20f%C3%BCr%20die%20Landlust,als%20eine%20Million%20Exemplare%20verkauft. (Oktober 2020)

Statista – Das Statistikportal; Tägliche Nutzungsdauer ausgewählter Medien in Deutschland 2020; https://de.statista.com/statistik/daten/studie/165834/umfrage/taegliche-nutzungsdauer-von-medien-in-deutschland/ (Oktober 2020)

Statista – Das Statistikportal; Verkaufte E-Paper-Auflage in Deutschland in den Jahren 2005 bis 2019; https://de.statista.com/statistik/daten/studie/249963/umfrage/e-paper-auflagen-in-deutschland-zeitreihe/ (Juli 2020)

Statista – Das Statistikportal; Anzahl der genutzten Paid-Content-Modelle der Online-Zeitungsportale in Deutschland im Jahr 2020; https://de.statista.com/statistik/daten/studie/274882/umfrage/paid-content-modelle-deutscher-zeitungsportale/#:~:text=Laut%20dem%20Bundesverband%20Deutscher%20Zeitungsverleger,Nutzer%20online%20zur%20Verf%C3%BCgung%20stehen. (April 2020)

Statista – Das Statistikportal; Anteil der Befragten in ausgewählten Ländern weltweit, die im vergangenen Jahr für Online-Nachrichten im Rahmen eines Abonnements oder Einmalzahlung bezahlt haben; https://de.statista.com/statistik/daten/studie/150772/umfrage/zahlungsbereitschaft-fuer-paid-content-nachrichten-weltweit/ (Juni 2018)

Der Tagesspiegel; Mehr als bei jedem Zahnarzt https://www.tagesspiegel.de/gesellschaft/medien/zeitschriften-im-flatrate-abo-mehr-als-bei-jedem-zahnarzt/23952048.html (05. Februar 2019)

Der Tagesspiegel; Spektakuläre Übernahme in der Printbranche https://www.tagesspiegel.de/gesellschaft/medien/springer-funke-deal-spektakulaere-uebernahme-in-der-printbranche/8550364.html (25. Juli 2013)

Twitter; Alexander Klöpping, Post vom 04. Juni 2019 https://twitter.com/AlexanderNL/status/1135781196334546944?ref_src=twsrc%5Etfw%7Ctwcamp%5Etweetembed%7Ctwterm%5E1135781196334546944%7Ctwgr%5Eshare_3&ref_url=https%3A%2F%2Fmeedia.de%2F2019%2F06%2F07%2Fschluss-mit-dem-artikel-einzelverkauf-blendle-setzt-kuenftig-voll-auf-das-premium-modell%2F (04. Juni 2019)

Werben & Verkaufen (W&V); Paid Content läuft bei Bild und Welt;
https://www.wuv.de/medien/paid_content_laeuft_bei_bild_und_welt
(15. November 2018)

Werben & Verkaufen (W&V); „Welt"-Abomodell: Was macht jetzt die Konkurrenz?;
https://www.wuv.de/tech/welt_abomodell_was_macht_jetzt_die_konkurrenz
(17. Dezember 2012)

Werben & Verkaufen (W&V); IVW-Zahlen: Die Welt, Stern und Focus verlieren;
https://www.wuv.de/medien/ivw_zahlen_die_welt_stern_und_focus_verlieren
(22. April 2020)

Abbildungsverzeichnis

Abkürzungsverzeichnis

BDZV   Bundesverband Digitalpublisher und Zeitungsverleger

IfD   Institut für Demoskopie

IVW   Interessensgemeinschaft zur Verbreitung von Werbeträgern e.V.

ZMG   Zeitungsmarktforschung Gesellschaft der deutschen Zeitungen